Hoimar v. Ditfurth/Dieter Zilligen:
Das Gespräch

Mit 19 Schwarzweißfotos

Deutscher
Taschenbuch
Verlag

dtv

Von Hoimar v. Ditfurth
sind im Deutschen Taschenbuch Verlag erschienen:
Dimensionen des Lebens (1277; mit Volker Arzt)
Der Geist fiel nicht vom Himmel (1587)
Querschnitte (1742; mit Volker Arzt)
Kinder des Weltalls (10039)
Wir sind nicht nur von dieser Welt (10290)
Im Anfang war der Wasserstoff (30015)
Innenansichten eines Artgenossen (30022)

Ungekürzte Ausgabe
Oktober 1992
Deutscher Taschenbuch Verlag GmbH & Co. KG,
München

ISBN 3-546-42096-9
Umschlaggestaltung: Klaus Meyer
Umschlagfoto: Bilderberg. Archiv der Fotografen
GmbH, Hamburg
Gesamtherstellung: C. H. Beck'sche Buchdruckerei,
Nördlingen
Printed in Germany · ISBN 3-423-30329-8

Das Buch

»Ein strahlender Geist, der noch einmal über den gebrechlichen Körper triumphierte.« So kommentiert Dieter Zilligen sein Gespräch mit Hoimar v. Ditfurth im September 1989. Es sollte das letzte Interview des großen Wissenschaftspublizisten sein – für viele ist es das intensivste und eindringlichste, das Ditfurth je gegeben hat. Das Gespräch verläuft auf zwei Ebenen: Einerseits skizziert Ditfurth seine eigene Lebensgeschichte, daneben, verknüpft mit seiner Biographie, erläutert er sein Weltbild. Der Mensch, so seine Erkenntnis, »will etwas sein neben der Natur, etwas getrennt von der Natur«. Doch wenn sich der Mensch weiter so verhält, ist er verloren. Die Natur wird ihn ausspucken, weil er ihr unerträglich geworden ist, und sich ohne ihn weiterentwickeln. Am Schluß des Gesprächs wird der Mahner und Warner Ditfurth noch einmal ganz Forscher, wenn er seine Suche nach dem Geheimnis beschreibt, das die Welt in ihrem Innersten zusammenhält: »Daß ich die Antwort nie kennen werde, das ist das einzige, was ich wirklich als Zumutung empfinde. Vielleicht, vielleicht bekomme ich sie ja nach meinem Tode.«

Die Autoren

Hoimar v. Ditfurth, am 15. Oktober 1921 in Berlin geboren, war Professor für Psychiatrie und Neurologie und gehörte viele Jahre zu den erfolgreichsten deutschen Wissenschaftsjournalisten. Er starb am 1. November 1989 in Freiburg. Zahlreiche Veröffentlichungen, zuletzt ›Innenansichten eines Artgenossen‹ (1989).
Dieter Zilligen, geboren 1934, arbeitet seit 1965 als Redakteur beim Norddeutschen Rundfunk. Er ist Ressortleiter für Kunst, Literatur und Theater.

Wir sind Wesen des Übergangs

Hoimar v. Ditfurths
letztes Fernsehinterview

Die Nachricht erreichte mich an einem sonnigen Herbsttag im Urlaub auf Sylt.

Hoimar v. Ditfurth hatte in der Redaktion in Hamburg angerufen und ließ mir ausrichten, er sei gerade aus der Klinik entlassen worden, habe seine während der Behandlung zeitweise ziemlich angekratzte Stimme wiedergewonnen, und wenn ich das verabredete Fernsehinterview mit ihm noch machen wolle, dann sollte ich bald kommen.

Sein Ton am Telefon, so berichtete mir später die Kollegin, die mit ihm gesprochen hatte, war leicht, fast scherzend. Aber da war das Wörtchen »noch«, und ich wußte, von Scherzen konnte keine Rede sein.

Vier Tage später kam ich nachts in Staufen an, wo Hoimar v. Ditfurth seit 1976 lebte. Die Innenstadt ist für den Autoverkehr gesperrt. Ich verfuhr mich, stellte schließlich den Wagen irgendwo ab und ging, fast krank vor Erwartung, zu Fuß weiter durch die menschenleere, seltsam unwirkliche Mondscheinidylle dieser mittelalterlichen Stadt: heimelige alte Fachwerkhäuser, an einem die Tafel, daß hier anno 1539 Dr. Faustus nach seinem Pakt mit dem Teufel zur Hölle gefahren sei, plätschernde Brunnen, ein im Nachtwind flatterndes Transparent über der Straße mit einem Begrüßungsspruch für die Besucher der Baden-württembergischen Literaturtage und, alles überragend, der Schloßberg mit der Ruine der Burg Staufen.

Gleich unterhalb des Schloßbergs, das wußte ich noch, in einem Haus, das direkt in den Hang eines ehemaligen Weinbergs hineingebaut worden war, wohnte Hoimar v. Ditfurth. Ein erstaunlich entrücktes, weltfernes Domizil für den mitten im politischen Leben stehenden Wissenschaftler, streitbaren Umweltschützer und Kämpfer gegen den atomaren Holocaust.

Was für Fragen sollte ich ihm stellen?

›Meine Bilanz‹ hatte er im Untertitel sein Buch ›Innenansichten eines Artgenossen‹ genannt. Welche Hybris, ein solches Leben auch nur annäherungsweise in einem fünfzehnminütigen Fernsehinterview ausloten zu wollen.

Und vor allem, wie vermeidet man all diese schrecklichen »letzten Fragen«?

Selten habe ich meinen Beruf so verflucht wie in jener Nacht in Staufen.

Dabei hatte er mir fünf Jahre vorher, bei unserer ersten Begegnung, anläßlich eines Gesprächs über sein damals gerade erschienenes Buch ›So laßt uns denn ein Apfelbäumchen pflanzen‹, die Angst vor dem eigenen Tod genommen, die mich damals stark beschäftigte. Mir war, ausgelöst durch eine Krankheit, der kindliche Glaube, daß nur die anderen sterben könnten, urplötzlich abhanden gekommen.

Hoimar v. Ditfurth, der in seinem Denken auf unnachahmliche Weise Philosophie und Dichtung mit seinem naturwissenschaftlichen Weltbild verschmolz – von Platons Höhlengleichnis bis zu Hölderlins ›Hyperion‹ und Schopenhauers ›Parerga und Paralipomena‹ –, hatte in seinem Buch Jean Paul zitiert: »Auf jeden Menschen wird im Augenblick seiner Geburt ein Pfeil abgeschossen. Er fliegt und fliegt und erreicht ihn in der Todesminute.«

Wir sprachen darüber, und er erklärte

mir, was er im letzten Kapitel von ›So laßt uns denn ein Apfelbäumchen pflanzen‹ über die biologische Notwendigkeit unseres Sterbens geschrieben hatte:

»Ohne den Tod gäbe es keine Evolution. (...) Ohne Tod keine Generationenfolge. Ohne Generationenfolge keine Evolution. Wenn die Natur ihren Kreaturen jemals die Freiheit vom Tode beschert hätte, wegen deren Verweigerung wir sie so oft anklagen, dann wäre der evolutionäre Fortschritt augenblicklich zum Stillstand gekommen. (...) Wir existieren folglich unbezweifelbar kraft ebenjener Grundeigenschaft allen Lebens, die wir am meisten fürchten und beklagen: kraft seiner Sterblichkeit. So zugespitzt es klingen mag, biologisch ist der Beweis leicht zu führen: Der Tod ist der Preis, ohne den es höheres Leben nicht geben kann.«

Dieses Gespräch über den Tod, bei dem ich lernte, die »Lebensuhr« der Evolution zu akzeptieren, fand in den Weinbergen oberhalb Staufens statt. Ditfurth hatte uns nach den Fernsehaufnahmen zu einer

Weinprobe bei einem befreundeten Bauern eingeladen, von dem er seinen ökologisch angebauten Wein bezog.

Das war der Moment, in dem ich zum erstenmal den Menschen Hoimar v. Ditfurth unverstellt kennenlernte.

Denn einen Tag vorher, bei unserem ersten Sondierungsgespräch, hatte er mir demonstrativ die »Medienpersönlichkeit« vorgeführt: Selbstsicher, routiniert und mit nicht geringer Autoreneitelkeit stellte er den gefeierten Bestsellerautor aus, der sich seines Marktwertes voll bewußt war. Gegen diesen Typus des »Großschriftstellers« bin ich in fünfundzwanzig Berufsjahren als Literaturreporter allergisch geworden, und so registrierte ich mit zunehmender Kühle, wie Hoimar v. Ditfurth mit sonorer Stimme unter den kritischen Blicken seiner Frau die gewohnte Rolle des Erfolgsautors abspulte. Ich revanchierte mich, indem ich kein Wort über sein Buch verlor, was ungefähr das Schlimmste ist, was man einem Autor antun kann, außer man spricht auch noch über den Erfolg eines Konkurrenten.

Beim gemeinsamen Abendessen in einem Gartenlokal kam es schließlich zur Explosion. »Sagen Sie mal«, herrschte Ditfurth mich an, »haben Sie mein Buch überhaupt gelesen?«

Heilwig v. Ditfurth, die ihren ungeduldigen Mann, wie immer, klug und unmerklich aus dem Hintergrund zügelte, rettete diesen ersten Abend mit der Bemerkung: »Nun warte doch bis morgen, Herr Zilligen wird dein Buch schon gelesen haben.«

Am nächsten Tag erlebte ich dann vor der Kamera den ganz uneitlen Aufklärer und durch und durch rationalen Missionar der Wissenschaft Hoimar v. Ditfurth, der mit seinem Charisma und seiner Fähigkeit, selbst abstrakteste naturwissenschaftliche Erkenntnisse mit größter sinnlicher Anschauungskraft und ohne unzulässige Vereinfachung darzustellen, Millionen von Fernsehzuschauern in seinen Bann geschlagen hatte.

Sein eigentliches Genie war das des Vermittlers. Es lag in seiner Fähigkeit, Brükken zu schlagen zwischen den menschenfernen Eiseshöhen scheinbar moralisch wertfrei forschender Naturwissenschaft und uns, den ahnungslosen Endverbrauchern, die, hin und her gerissen zwischen Fortschrittseuphorie und Untergangsängsten, am Ende die Konsequenzen dieses Erkenntnishungers auszubaden haben.

Hoimar v. Ditfurth hat immer wieder nachdrücklich und höchst unbequem daran erinnert, daß Wissenschaftsethik ein integraler Bestandteil der Forschung ist. Er selbst ist der Frage nach der Verantwortlichkeit nie ausgewichen. Er war auch dann, wenn es um so heikle Probleme wie die Euthanasie oder die Übervölkerung in der Dritten Welt ging, ein tabuverletzender Aufklärer. (Für ihn war daher klar, daß selbst die vereinte Kraft aller Hilfsorganisationen dieser Erde bestenfalls zur Linderung unseres schlechten Gewissens beitragen könnte. Um den Hungertod von täglich 40000 Kindern in den Entwicklungsländern zu verhindern, bedürfte es, so Ditfurth, neben der Entwicklungshilfe einer drakonischen, weltweit durchgeführten Geburtenkontrolle. Diese Forderung trug ihm den Vorwurf eurozentrischer Arroganz ein.)

Vor der Kamera besaß Hoimar v. Ditfurth ein geradezu charismatisches Fluidum. Nie habe ich einem größeren Zauberer gegenübergesessen. Er konnte, sobald das Rotlicht brannte, noch ein zusätzliches Licht in sich anknipsen.

Es war dann, als würde man von ihm in einem Raumschiff an den Anfang aller Zeiten mitgerissen – der Urknall, die Geheimnisse der Evolution, die steinzeitliche Instinktausstattung des Homo sapiens, die ungenutzte Kapazität unseres Gehirns, die allen Menschen eingeborene Tiefengrammatik der Sprache, Hölderlin und Schopenhauer – Hoimar v. Ditfurth war der universellste Geist, der mir je begegnet ist. Wenn jemand von den zehn bis fünfzehn Milliarden Nervenzellen seines Gehirns Gebrauch machte, dann war er es.

Wer aber war eigentlich dieser Hoimar v. Ditfurth, der am 15. Oktober 1921, »aus dem Nichts kommend«, in Potsdam eintraf? Eigentlich jemand, der nach seiner Erziehung ein schrecklicher Reaktionär oder aber, im Widerspruch dazu, ein feuriger Rebell hätte werden können.

Aber das Erstaunliche an Hoimar v. Ditfurth war, daß er diese beiden Seiten in sich nie verleugnete, sondern fruchtbar machte: Der »Rebell« in ihm verstand die Ängste des sich nach Anpassung und Unterordnung sehnenden Normalbürgers, und der »Reaktionär« wiederum befreite sich durch den tabuverletzenden Rebellen.

Tabuverletzung ist immer auch ein Akt der Selbstbefreiung (das wissen wir spätestens seit Freud, dessen Tiefenpsychologie der sonst so rational argumentierende Psychiater Hoimar v. Ditfurth in seiner Lebensbilanz höchst irrational und heftig als eine Irrlehre verdammt, die »seit über einem Jahrhundert die Köpfe der Menschen in der westlichen Welt vernebelt«).

Bei der Lektüre von »Innenansichten eines Artgenossen« habe ich mich gefragt, warum ist eigentlich aus diesem Jungen aus deutschnationalem Elternhaus, der Göring- und Horst-Wessel-Postkarten sammelte, kein glühender Pimpf geworden? Warum ist der Gymnasiast, der sich an politisch heiklen Aufsatzthemen wie den Nürnberger Rassegesetzen vorbeimogelte und auf Kosten eines viel mutigeren Mitschülers sogar Jahrgangsbester im Abitur wurde, nicht in die Hitlerjugend oder auf die Napola* gegangen? Warum ist er nicht Offizier geworden? Und warum ist der »Adenauer-Fan« aus der ihm angebotenen Wirtschaftswunderkarriere schon nach einem Probejahr wieder ausgestiegen?

Fragen, die er mir in dem hier abgedruckten Gespräch rückhaltlos beantwortete und die mir in jener Septembernacht in Staufen durch den Kopf schossen.

Sie vermischten sich mit Erinnerungen an meine Kindheit. Zum Beispiel an die beiden freundlichen alten Damen im Nachbarhaus, die mir oft Bonbons geschenkt haben. Eines Tages trugen sie merkwürdige gelbe Abzeichen am Kleid. Wenig später verschenkten sie ihren von mir geliebten Kanarienvogel an einen Nachbarjungen, was mich mit heftigem Neid erfüllte, und dann waren sie über Nacht verschwunden. Sie sind nach England ausgewandert, sagten meine Eltern.

* Napola = Nationalpolitische Erziehungsanstalt

Bei Hoimar v. Ditfurth waren es jüdische Mitschüler und Lehrer, die fast unbemerkt und unbeachtet plötzlich aus dem Schulbetrieb verschwanden.

Oder September 1939: Am Himmel ist ein einsamer Kondensstreifen zu sehen. In der Ferne zieht heulend ein vereinzeltes Jagdflugzeug vorbei, begleitet vom stokkenden Motorengeräusch eines Fieseler Storchs. Alle blicken erwartungsvoll nach oben. Es ist Krieg. Hoimar v. Ditfurth muß damals zum Reichsarbeitsdienst. Ein Jahr später bricht er als junger Soldat wie zu einem Abenteuerurlaub nach Norwegen auf.

Oder 1940: Mein Vater befestigt im Wohnzimmer eine Karte von Frankreich an der Wand, auf der er den täglich schneller werdenden Siegeszug der deutschen Truppen mit bunten Nadeln markiert. Aus dem Radio dringt die Fanfare der Sondermeldungen. Alle sind siegesfroh. Da klingelt es eines Abends an der Tür. Heftiges Tuscheln. Dann schleusen meine Eltern einen Kollegen meines Vaters und seinen verstörten Sohn an mir vorbei. Zwei Nächte darf er bei uns bleiben, dann muß er weg. Erst nach dem Krieg erfahre ich, daß der Junge aus der Wehrmacht desertiert war. Kein Reichsminister wie Treviranus, der bei den Ditfurths Unterschlupf gefunden hatte, aber Zuchthaus oder gar den Kopf hätte es auch gekostet, wenn das jemand gemeldet hätte.

Was für seltsame Volksgenossen waren das damals, unsere Eltern – regimetreue Volksverräter oder einfach nur Menschen?

Oder die »asiatischen Untermenschen«, von denen Hoimar v. Ditfurth berichtet – und denen auch ich als Kind begegnete: 1942, im zweiten Volksschuljahr, sind im Park hinter unserer Schule plötzlich Erdbunker ausgehoben. Nachdem wir lange genug gewartet und uns von der Bewachungsmannschaft nicht haben verscheuchen lassen, sehen wir endlich verschreckte braune Gestalten mit kahlgeschorenen Köpfen auftauchen: russische Kriegsgefangene, die um Brot betteln. Eines Tages reißt einer von ihnen einem Mitschüler das Schulbrot aus der Hand – ein »Bolschewik«, ein »Untermensch«, alle Erwachsenen sind empört. Kurz darauf sind die

Erdbunker geräumt. Ich erinnere mich an die runden, ängstlichen Gesichter.

Kriegsgefangene und deportierte Zwangsarbeiter, die vor Hunger Brot stahlen – auch daher kamen die frisch enthaupteten Leichen für den Präparierkurs in der Anatomie der Berliner Universität, von denen Hoimar v. Ditfurth schreibt.

Seltsam, was alles aus der Erinnerung aufsteigt. Ditfurths Buch und seine Erzählungen im Gespräch sind wie ein Schlüssel zu den verschütteten Türen der eigenen Vergangenheit. Erinnerungsfetzen: »Feind hört mit«, Todesurteile an den Litfaßsäulen, »Gefolgschaftstreue«, »Wo gehobelt wird...«, »Ich weiß, es wird einmal ein Wunder geschehen«, »Wenn das der Führer wüßte«, »Nach dem Krieg dann wird aufgeräumt«.

Da ist zum Beispiel unser Blockwart, ein strammer Parteigenosse, der uns ständig schikaniert, weil wir nicht ordnungsgemäß verdunkelt oder an Nazifeiertagen die Hakenkreuzfahne nicht rechtzeitig rausgehängt haben. Zur Strafe holt er sich am

Sonntag die Zigarettenration meiner Eltern ab.

Dafür darf ich mit seinem ältesten Sohn ins Kino, zu den Parteivorstellungen. Bei heroischen Klamotten wie ›Kadetten‹, ›Der alte und der junge König‹ und ›Stukas‹ wird mir regelmäßig schlecht.

Auf der Straße spielen wir mit dem jüngeren Sohn des Blockwarts, einem immer fröhlich lachenden Kind. Eines Tages ist er weg. In einem Pflegeheim, heißt es. Vier Wochen später macht flüsternd die Nachricht von seinem plötzlichen Tod die Runde. Lungenentzündung. Der Blockwart, ein gläubiger Katholik und Hitler-Verehrer, schrumpft zum grauen Männchen. Alle können nun die Fahnen raushängen, wann sie wollen.

Oder wenn Hoimar v. Ditfurth von dem Ausflug berichtet, der ihn mit der Mutter am KZ Oranienburg vorbeiführt, und dazu bemerkt: »Sie haben es alle gewußt.«

1945 bin ich im KLV*-Lager an der Ostsee. Am 3. Mai gibt es schwere briti-

* KLV = Kinderlandverschickung

sche Luftangriffe auf vier deutsche Schiffe in der Lübecker Bucht, darunter die ›Cap Arcona‹. Am nächsten Tag ist der Strand voll von angeschwemmten Leichen. Viele in Sträflingskleidung. Alles Verbrecher, sagen unsere HJ-Betreuer. (Tatsächlich hatten die Nazis mehr als 10000 KZ-Häftlinge auf diesen Schiffen zusammengepfercht, mehr als 7500 davon starben, als sie von der ahnungslosen Royal Air Force, die diese Schiffe für Truppentransporter der Marine hielt, bombardiert wurden. Ein tragischer Irrtum.)

Warum ich das alles erzähle? Weil Hoimar v. Ditfurth mit seinen Erinnerungen, den geschriebenen wie den erzählten, wohl nicht nur in mir, der ich damals noch ein Kind war, lange Verdrängtes freigesetzt hat, ganz ohne erhobenen Zeigefinger.

Eine merkwürdige Mischung aus Schuld, Mitschuld, Weggucken, Verblendung, Heuchelei und tatsächlicher Ahnungslosigkeit steigt da plötzlich in Lesern auf, die dieses Dritte Reich noch selber erlebt haben.

Wenn man in der Zukunft eine historische Primärquelle sucht, die Auskunft gibt über den Bewußtseinszustand des deutschen Bürgertums in der Weimarer Zeit und im Dritten Reich, hier ist sie, ohne nachträgliche Selbststilisierung und heroische Legendenbildung – einfach nur schrecklich normal und prototypisch, in all ihren Schwächen und Stärken.

»Schuldig, weil wir unser Leben nicht riskiert haben«, schreibt Hoimar v. Ditfurth. – Aber würden wir das heute tun?

Als ich nach dieser ruhelosen Septembernacht in Staufen am nächsten Morgen mit dem Kamerateam zu Hoimar v. Ditfurth komme, tritt er mir mit einer stützenden Halskrause entgegen. Er sieht sehr blaß aus, angegriffen und dennoch auf unbeschreibbare Weise heiter. In der Nacht hatte er so unerträgliche Schmerzen gehabt, erzählt er mir fast beiläufig, daß er die Aufnahmen absagen wollte.

Das war zu dem Zeitpunkt, als ich mit meinen Selbstzweifeln durch das nächtliche Staufen irrte. Deshalb konnte er mich nicht erreichen. Jetzt, wo das Kamerateam da war, wollte er uns nicht mehr wegschikken.

Dieses unausrottbare Pflichtbewußtsein. Der Arzt hatte ihn seit dem frühen Morgen mit Spritzen verhältnismäßig schmerzfrei gemacht. Und nun wollte er sprechen.

Eigentlich hätte er mich als Frager dazu fast gar nicht gebraucht. Denn dies war das leichteste und zugleich schwerste Gespräch meiner Laufbahn. Nach zehn Minuten warf ich alle Pläne für ein Viertelstundeninterview über den Haufen.

Die Fragen ergaben sich wie von selbst. Sobald ich ihn etwas fragte, sah ich in seinen Augen schon die Antworten kommen.

Nie werde ich das tief von innen aufsteigende Leuchten vergessen, als wir über Lensahn, das Paradies seiner Kindheit, sprachen, und nie das strahlende Lächeln, als die Rede kam auf jenen unvergeßlich schönen Sommer 1945 in Hamburg, der für ihn, den jungen Medizinstudenten, Befreiung, Aufbruch in die Zukunft und die Entdeckung der Literatur von Thomas Mann bis Ernest Hemingway bedeutete, für mich aber, das Kind, die Heimkehr nach Hamburg, in eine blühende Trümmerwüste, die fortan mein Spielplatz wurde, mit geheimnisvollen Zeichen an jenen verschütteten Kellereingängen, unter denen noch die Opfer der Bombenangriffe lagen.

Das Kamerateam war während der Aufnahmen von Hoimar v. Ditfurths Bericht schließlich so mitgerissen, daß es vergaß, rechtzeitig die Kassetten zu wechseln. Schon gab es einen energischen Rüffel von Hoimar v. Ditfurth, dem Fernsehprofi, der auch noch da war und mich besorgt fragte: »Sagen Sie mal, Zilligen, ich kenne doch das Fernsehen, nehmen wir das etwa alles für den Papierkorb auf?«

Aber zu diesem Zeitpunkt war für mich die Frage der Sendelänge längst hinfällig geworden. Nichts sollte und konnte ihn mehr aufhalten.

Als er dann am Ende auf die unendlich lange, scheinbar zufällige und doch unglaublich folgerichtige Geschichte der Evolution kam, sein Gedankenflug immer schneller und weiter wurde, der ausdrucksvolle Kopf immer mehr auf die stützende Halskrause sank und die Stimme brüchig wurde, da war dies ein Moment von bewegender, kaum noch zu ertragender Intensität:

Ein strahlender Geist, der noch einmal über den gebrechlichen Körper triumphierte.

»Wir sind ein Teil dieser Geschichte. Und weil diese Geschichte ein ungeheures Geheimnis ist, weil hinter ihr ein ungeheures Geheimnis steht, das diese Ordnung verbirgt und in immer neuen und höheren Formen realisiert, weil wir ein Teil dieser Geschichte sind, haben wir auch Anteil an ihrem Sinn. Wir können ihn nicht angeben, wir erkennen ihn nicht, wir sind ja gerade erst aufgewacht, wir reiben uns ja gerade erst die Augen, wir verstehen ja noch fast nichts von dem, was wir um uns herum sehen und entdecken. Es muß uns genügen, daß es diesen Sinn gibt.«

Als Moses mit den Gesetzestafeln für das Volk Israel vom Berg Sinai herabstieg, war ein Leuchten der Gewißheit um ihn. Denn dort oben in den Wolken war ihm Gott wie ein verzehrendes Feuer erschienen.

Hoimar v. Ditfurth erhielt diese Gewißheit nie. Traurig und zornig war er am Ende, daß er keine Antwort erhielt auf die lebenslange Frage nach dem letzten Geheimnis der Evolution.

»Vielleicht, vielleicht bekomme ich sie ja nach meinem Tode.« Das war, mit einem Lächeln, das Ende unseres Gesprächs.

Was diesen strahlenden Geist aus der Bahn warf, waren ein paar winzige Zellen, entgleiste Irrläufer des genetischen Codes, die sich selbständig gemacht hatten – fehlgesteuertes Leben, das den Tod bedeutet.

Wie verabschiedet man sich? Wie reist man ab, packt die Kameras und die Scheinwerfer ein und geht? Von manchen Menschen verabschiedet man sich nie, solange man lebt und sich erinnert. »Wir sind Wesen des Übergangs«, diese Botschaft gab Hoimar v. Ditfurth mir mit auf den Weg und einen seltsam tröstlichen Gedanken:

»Alle Materie, die wir um uns vorfinden, alle Objekte, mit denen wir alltäglich umgehen, die Materie unserer eigenen Leiber nicht ausgenommen, besteht aus Atomen, die einst im Zentrum von Sonnen ›zusammengebacken‹ worden sind, die einer Sterngeneration angehörten, die vor unausdenkbar langer Zeit zugrunde gegangen ist. Genauer gesagt: ohne deren Untergang nichts von alledem hätte entstehen können, was uns täglich umgibt. In der Tat, der Aufwand, den der Kosmos getrieben hat, um die Voraussetzungen unserer Existenz zu schaffen und die unserer Alltagswelt, übersteigt alles unserer Vorstellung zugängliche Maß.«

Hamburg, im Juni 1990 Dieter Zilligen

Das Gespräch

Dieter Zilligen: Sie sind am 15. Oktober 1921 in Charlottenburg eingetroffen, »aus dem Nichts kommend«. Diese Beschreibung Ihrer Geburt zu Beginn Ihres Buches macht gleich deutlich, daß das keine Autobiographie im landläufigen Sinn ist, sondern daß es hier zwei verschiedene Ebenen gibt. Die objektive Biographie und die subjektive.

Hoimar v. Ditfurth: Ja, da meine individuelle Biographie herzlich uninteressant ist. Sie ist andererseits aber typisch in zweierlei Hinsicht. Einmal für einen Zeitgenossen, der diese doch an Ereignissen, Überraschungen und Katastrophen so reiche Zeit vom Ende des Ersten Weltkrieges bis heute miterlebt hat; oder der Eltern hat, die diese Zeit erlebt haben. Typisch zweitens dadurch, daß ich Mitglied der Art Homo sapiens bin, also die typischen Entwicklungsphasen als Kind und Jugendlicher durchgemacht habe. Indem ich mich entwickelt habe aufgrund der Einflüsse meiner Umwelt, familiär, dann in der Schule, dann gesellschaftlich, dann politisch, dann unter dem Einfluß des Staates, der zeitweise übermächtig war. Dies schien mir ein gutes Modell, sozusagen, um zu zeigen, daß wir nicht – wie wir es im subjektiven Erleben ständig glauben – in unbeschränkter Freiheit handeln und Entscheidungen treffen, sondern daß wir auch – ich betone auch – ein uns von unserem unübersehbar weit in die Vergangenheit reichenden biologischen Erbe uns eingepflanztes Programm entfalten, dessen nähere Betrachtung dann bei diesen einzelnen Entwicklungsstadien manches Rätsel, manches Unheimliche, manches Unverständliche am menschlichen Verhalten nicht entschuldigen, aber doch erklären kann.

Dieter Zilligen: Fünf Prozent unserer genetischen Veranlagung, schreiben Sie, nur fünf Prozent machen die einzigartige Individualität jedes einzelnen von uns aus. Was waren diese fünf Prozent an diesem Säugling Hoimar v. Ditfurth am 15. Oktober 1921?

Hoimar v. Ditfurth: Ich muß, um das verständlich zu machen, erst doch auf die 95 Prozent eingehen, in denen ich nicht individuell unaustauschbar bin. Dazu gehört die simple Tatsache, daß ich zwei Arme und zwei Beine habe, daß ich Augen habe, die mit einem unglaublichen biologischen Raffinement aus dem, was an Strahlung von der Sonne geliefert wird, ein Maximum an Informationen ziehen. Denken Sie nur daran, daß es, wenn wir es physikalisch nachmessen, von einem Ende bis zum anderen des Spektrums nur millionstel Millimeter sind. Wir, unsere Augen und unser Gehirn, ziehen das auseinander zu dem unüberbietbaren Kontrast von verschiedenen Farben, von Rot und Grün und Blau und Gelb – zur Verdeutlichung der Unterschiede, die in Wirklichkeit physikalisch minimal sind in unserer Umwelt. Dazu gehört auch die Tatsache, daß meine Leber nicht erst zu lernen brauchte mit ihren Tausenden von Enzymen, wie sie meinen Stoffwechsel steuern sollte. Wenn das alles nicht wie bei jedem anderen Lebewesen auch in mir gesteckt hätte, hätte ich die ersten Minuten nach meiner Geburt nicht überleben können.

Individuell wird es in einem relativ kleinen Bereich. Ich habe mal geschrieben, höchstens fünf Prozent; das ist eine grobe Abschätzung, berechnen kann das niemand. Individuell sind bestimmte Nervenmuster in meinem Gehirn ausgefallen. Als Ergebnis der zufälligen Mischung väterlicher und mütterlicher Keimzellen, die ein Ordnungsmuster gebildet haben von solcher Komplexität, daß man mathematisch beweisen kann, daß es seit der Entstehung des Universums noch nie genau dieses Muster gegeben hat. Das entscheidet über meine musikalische Empfänglichkeit, das entscheidet über bestimmte Vorlieben und Präferenzen menschlichen Eigenschaften gegenüber. Das entscheidet darüber, in welchem Maße und mit welchen Chancen ich in der Lage bin, meinen Stimmungen nachzugeben, zu folgen oder auch zu widersprechen und sie zu beherrschen. Es sind alle diese Eigenheiten, die die typische Persönlichkeit ausmachen, durch die wir beide uns unterscheiden und durch die ich mich von allen Menschen, die es gibt und die es je gegeben hat, unterscheide. Es sei denn, ich hätte einen eineiigen Zwilling, von dem ich aber nichts weiß. Diese Unterschiede kommen durch diese relativ kleine Anzahl beliebig zu einem Muster geordneter Erbanlagen zustande.

Dieter Zilligen: Sie schreiben auch, daß in den ersten Monaten und Jahren dreißig bis fünfzig Prozent der Gehirnzellen eines Kleinkindes und Säuglings absterben. Das hat mich unglaublich fasziniert und verblüfft.

Hoimar v. Ditfurth: Das ist ein sehr seltsamer neuer Befund. Ich gestehe Ihnen, daß ich auch, als ich vor erst wenigen Jahren auf ihn stieß, sehr überrascht war. An sich identifiziert man das Zugrundegehen von Hirnzellen ja mit dem Nachlassen der Verstandestätigkeit, und im Alter, bei der Arthrose oder senilen Demenz, ist es ja auch so. Nein, das Seltsame ist – und das hat bestimmte Konsequenzen –, daß der neugeborene Mensch mit einer Überzahl an Hirnzellen auf die Welt kommt und daß dann in seiner noch vorbewußten Phase nach der Geburt nur die Zellen und Zellverbindungen bestätigt und verstärkt werden und am Leben erhalten bleiben, die immer wieder benutzt werden, die also auf typische Konstellationen in der Umwelt stoßen, und daß andere, die nicht oder wenig benutzt werden, verkümmern und zugrunde gehen. Das ist so ähnlich wie bei einer Silhouette, wo man erst eine ganz schwarze Fläche Papier vor sich hat und dann immer mehr wegschneidet, bis plötzlich aus der schwarzen Fläche sich ein bekanntes Profil oder ein Gegenstand hervorhebt.

Dieter Zilligen: Sie wurden hineingeboren in das Milieu einer Offiziersfamilie mit allen Borniertheiten, die man sich überhaupt nur vorstellen kann: gegen die Roten, gegen das »rote Pack«, schreiben Sie sogar. Es war ein offenbar sehr deutschnationales Elternhaus, und wenn man das so liest, müßte man eigentlich annehmen, daß Sie in Ihrem späteren Leben entweder ein erzreaktionärer Mensch hätten werden können oder aber wirklich ein Rebell.

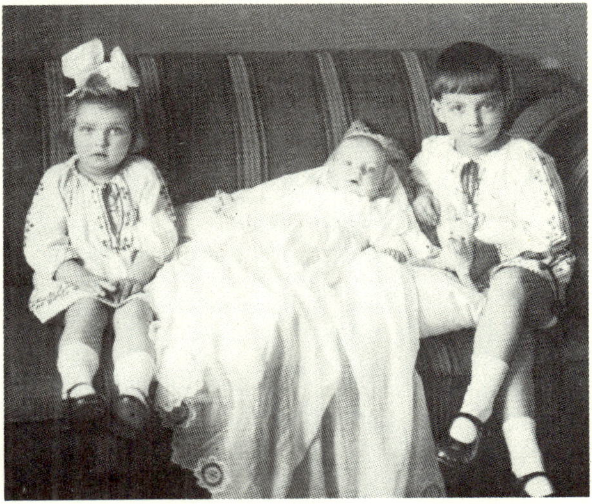

Hoimar v. Ditfurth (Mitte), Berlin 1922.

Hoimar v. Ditfurth: Ich war natürlich als Kind, auch als Schulkind, in den ersten Jahren noch total eingebunden und geborgen in diesem familiären Milieu, das in einer Welt lebte, die ich nachträglich als eine schwarzweißrote Wahnwelt bezeichnen möchte – bei allem Verstand, den es da gab, bei aller Kultiviertheit, die es da gab, doch als eine Wahnwelt. Meine Großmutter klebte die Briefmarken mit dem Reichspräsidenten Ebert so auf das Kuvert, daß der arme Ebert auf dem Kopf zu stehen kam. Auf diese Weise signalisierte man – man mußte die Marken ja nehmen, andere gab es nicht – in unseren Kreisen, daß man mit dem »System«, daß man mit dem »roten Pack«, das unserer tief im Feindesland kämpfenden Armee feige in den Rücken gefallen war und das den Kaiser aus dem Land gejagt hatte und das sich jetzt sozusagen das Reich unter den Nagel gerissen hatte und die Regierung usurpiert, daß man mit diesem Pack, gegen das man vorläufig nichts tun konnte, nichts gemeinsam hatte.

Dieter Zilligen: In einer solchen Situation konnte und wollte Ihr Vater nicht länger Berufsoffizier bleiben und wurde Beamter in der Vermögensverwaltung des Erbgroßherzogs von Oldenburg in Lensahn. Das hat Ihnen eine unvergleichlich schöne Kindheit im Lensahner Paradies, wie Sie es nennen, beschert. Ist es nicht merkwürdig, daß es dieses Paradies nur einmal im Leben eines jeden Menschen gibt?

Hoimar v. Ditfurth: Zum Paradies gehört Ignoranz. Das ist selbst in der Bibel so.

Solange man nicht weiß, was gut und böse ist, solange einem diese Erkenntnis vorenthalten bleibt, ist man im Paradies, kann man nicht schuldig werden, kann man sich höchstens dummerhaft benehmen.

Dieter Zilligen: Zu diesem Paradies gehört normalerweise, eigentlich in fast allen Biographien, eine Mutter, eine dominierende Mutter. In Ihrem Fall habe ich den Eindruck, als sei Ihr Vater die dominierende Gestalt Ihres Lebens gewesen.

Hoimar v. Ditfurth: Ja, meines Lebens als Kind, als Heranwachsender und als Jugendlicher. Es hat dann später einen Bruch gegeben, der so schmerzhaft und so persönlich ist, daß ich ihn im Buch nicht einmal erwähnt habe – er ist ja auch für den Leser nicht interessant. Aber davor war der Vater die dominierende Persönlichkeit, und zwar deswegen, weil er von den ersten kindischen Fragen des Zwei- und Dreijährigen ab – soweit reichen meine frühesten Erinnerungen – alles, was ich gefragt habe, ernst genommen hat. Er hat mit mir verkehrt nicht wie mit einem Gleichaltrigen natürlich, nicht wie mit einem Gleichgescheiten. Ich habe mich an ihn gewendet, weil ich wußte, daß er mir im Wissen haushoch überlegen war. Aber wie mit jemandem, der das gleiche Recht, den gleichen Anspruch hat, mit seinen Fragen befriedigt zu werden wie er oder jeder andere. Und er hat eine unglaubliche Begabung gehabt, mir, für den kindlichen Verstand zurechtgestutzt, zu erklären, wie ein Telefon funktioniert, wie ein Fernglas funktioniert, wie ein Zeppelin funktioniert. Das war damals ein aufregendes Erlebnis, das konnte er mir erklären.

Dieter Zilligen: Später ist er nach Berlin gegangen, um eine Berufschance wahrzunehmen, und die Familie und besonders Sie waren drei Jahre von ihm getrennt. Sie haben in Bückeburg gelebt, und in diese Zeit fällt, glaube ich, die Geburt des naturwissenschaftlich interessierten oder des Naturwissenschaftlers Hoimar v. Ditfurth – durch einen Zufall.

Hoimar v. Ditfurth: Das war kurz nachdem mein Vater und meine Mutter wieder

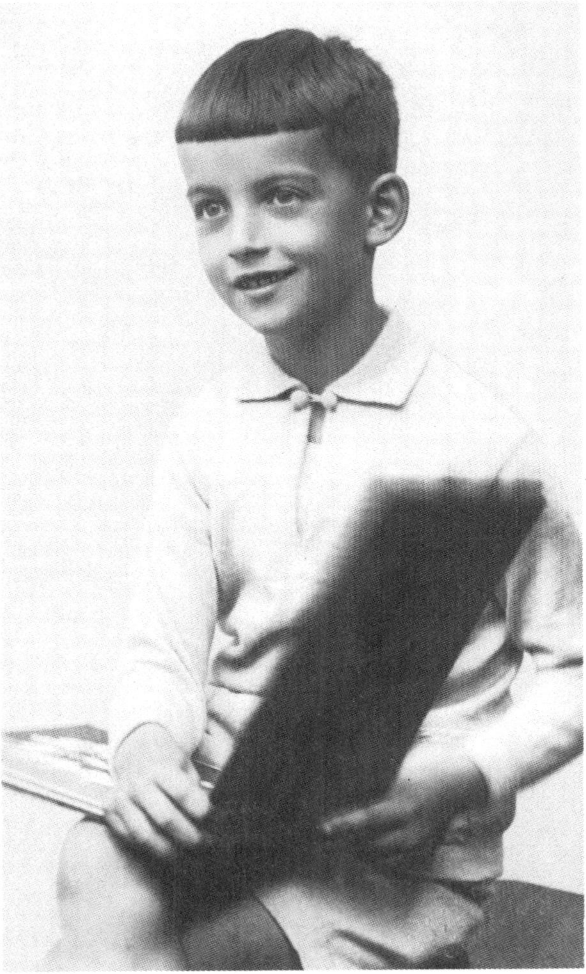
In Lensahn, 1929.

zusammenziehen konnten, weil er genug dafür verdiente. Wir brauchten dann nicht mehr bei unserer Großmutter unterzuschlüpfen. Da tauchte ein uraltes Messingmikroskop auf. Und es kam ein zweiter Zufall dazu: Ich war schon dabei, die Geduld zu verlieren, weil ich nicht wußte, was ich eigentlich damit untersuchen sollte. Da wohnte im Haus eine Biologielehrerin, und die merkte, daß ich damit spielte, und die brachte mir Sediment aus alten Aquarien mit.

Und dann habe ich – ich bin damals zehn, elf Jahre alt gewesen – da hineingeguckt und habe plötzlich eine andere Welt vor mir gesehen, von der ich bis dahin gar nichts gewußt hatte, die in meinem Kinderzimmer neben den mir vertrauten Gegenständen existierte, deren man aber erst ansichtig wurde, wenn man sich dieses Instruments bediente: kleine, mit bloßem Auge gar nicht sichtbare Einzeller, die sich mit verschiedenen Techniken, mit Geißeln und mit Rudern, fortbewegten und ihre Form veränderten, wie es die Amöben tun, die da lebten und miteinander umgingen und ein Leben führten, während sie von uns nichts wußten und wir von ihnen nichts wußten.

Dieter Zilligen: Sie schreiben: durch das Zufallsgeschenk vom Bückeburger Dachboden.

Hoimar v. Ditfurth: Ja, dieses Mikroskop stammte vom Bückeburger Dachboden.

Dieter Zilligen: Und Sie haben mit elf zu dieser Zeit auch durch diese Lehrerin zum erstenmal die Grenzenlosigkeit des Raums kennengelernt. Also doch zwei Ihr ganzes Leben bestimmende Erlebnisse.

Hoimar v. Ditfurth: Ja, das sind Erlebnisse gewesen. Eines Abends gingen wir spazieren, es war ein Winterabend, ein wunderbar klarer Sternenhimmel. Und ich fragte einfach mal nach Sternbildern. Da machte sie mir klar, erzählte sie mir, die Sternbilder seien gar nicht das Interessante. Das Interessante seien die Sterne selber. Und da erzählte sie mir von den Sternen und daß das auch Sonnen seien. Es gibt viele Erwachsene, heute noch, die gar nicht

Die OIIIg des Viktoria-Gymnasiums, Berlin 1935. Hoimar v. Ditfurth: zweite Reihe von unten, dritter von links.

wissen, daß unsere Sonne ein Stern ist wie die da oben, die wir am Himmel sehen, die nur so kleine Lichtpunkte sind, weil sie so unvorstellbar weit weg sind. Während wir uns im Licht der Sonne wärmen, ja sogar die Haut verbrennen können. Sie hat mir erstmals erklärt, daß die Entfernungen so groß sind, daß man sie mit Kilometern gar nicht messen kann, sondern mit der Zeit, die das Licht braucht, um von dem Stern bis zu uns zu kommen.

Dieter Zilligen: Sie müssen ein naturwissenschaftlich ungewöhnlich informiertes und aufgeklärtes Kind gewesen sein. Auf der anderen Seite waren Sie umschwirrt von allen politischen Phrasen der damaligen Zeit. Wir haben sie schon angesprochen: das »Schanddiktat von Versailles«, den »Erbfeind«, die »Sozis«, die »Roten«, die »Verzichtpolitiker«. Sie waren auch in dieser Beziehung ein sehr deutsches Kind. Und Ihr Vater war sogar für eine ganz kurze Zeit Parteimitglied, was sich später ja radikal geändert hat.

Hoimar v. Ditfurth: Ja. Mein Vater, 1932 dürfte das gewesen sein, hat uns eines Tages am Frühstückstisch erklärt, er sei nun in die Partei eingetreten. Daß er uns das mitteilte und sogar einer Erklärung für bedürftig hielt, läßt noch heute den sicheren Schluß zu für mich – das hatte er sonst nicht nötig, uns seine Handlungen zu erklären –, daß ihm das nicht ganz leichtgefallen ist. Er sagte, er müsse jetzt doch mal diesem Hitler beistehen, denn so gehe es nicht weiter, die Zahl der Arbeitslosen nehme zu, die Republik habe total versagt, das hätten ja die Monarchisten und national denkenden Patrioten von Anfang an gesagt, sie habe total versagt, jetzt müßten die patriotischen Kräfte eine Chance bekommen. Und der einzige, den er sehe, der denen die Barriere beseitigen und den Raum schaffen könne, sei Hitler. Der selber sicher ein gräßlicher Kerl sei, und seine SA, das sei ein Schlägerpack, aber die seien die einzigen, die das System beiseite fegen könnten, und dann würden die nationalen Kräfte das Ruder in die Hand nehmen. Da dachte er an die Reichswehr und an Hindenburg. Hindenburg war als kaiserlicher Feldmarschall und Reichspräsident die

Hoffnungsgestalt für diese reaktionären nationalkonservativen Kreise. Und dann kam plötzlich Hitler. Ein Prolet, ein verachteter Mann, weil er es in vier Jahren Weltkrieg nur zum Gefreiten gebracht hatte – ich kenne die ganzen Witze noch, die gemacht wurden –, aber plötzlich ein Mann, der es fertigbrachte, mit eiserner Faust, wie man damals sagte, die »Roten« beiseite zu fegen. Und von da an hatte er gewonnen in diesen Kreisen. Da war er so etwas wie ein moderner Ersatzkaiser. Eine in ihrer Autorität nicht mehr befragbare Gestalt.

Dieter Zilligen: Sie beschreiben ja auch sehr eindrucksvoll die Versöhnung am »Tag von Potsdam«, dieses In-die-Hand-Versprechen, preußische Tugenden und Werte aufrechtzuerhalten.

Hoimar v. Ditfurth: Da wurde die Tür zum Grab Friedrichs des Großen aufgemacht, damit der Alte Fritz in seinem Sarg hören konnte, wie der Gefreite des Ersten Weltkrieges dem kaiserlichen Feldmarschall versprach, er werde die preußische Tradition ehren und die Pflicht eines jeden

Preußen dem Vaterland gegenüber erfüllen. Das war ein hochgeschickt inszenierter Theatercoup, von dem der Kerl, der diesen Schwur tat, natürlich keinen Augenblick auch nur ein Wort geglaubt hat, denn wenige Tage später ließ er sich, nachdem er die Abgeordneten zum größten Teil verhaftet hatte, das Ermächtigungsgesetz unterschreiben.

Dieter Zilligen: Das wiederum, schreiben Sie, haben Sie gar nicht so recht wahrgenommen. Zu diesem Zeitpunkt habe Sie eine ungetrübte nationale Euphorie erfüllt. Sie sammelten Horst-Wessel-Bilder, Göring-Postkarten, eigentlich hätten Sie damals ein klassischer Pimpf werden können.

Hoimar v. Ditfurth: Ein klassischer Pimpf. Sicher, ich war auf dem Wege zum klassischen Pimpf. Gott, das waren wir alle. Und komischerweise ging das eigentlich nicht mal so sehr über die Politik, sondern es ging – das kam dann ja sehr früh – über die Aufrüstung. Es war für uns ein Zeichen der Schande, daß unsere Soldaten, martialisch aussehend, schwitzend, wenn sie von

Als Hitlerjunge bei der Marine, Potsdam 1936.

ihren Übungen in Potsdam oder Bückeburg zurückkamen, Papp-Panzer hinter sich herzogen auf Fahrradgestellen. Da haben wir uns geniert, überhaupt hinzugukken. Und dann wurde uns gesagt: Ja, das ist der böse Feind gewesen, das ist das Friedensdiktat gewesen. Wir durften keine Panzer haben, keine Flugzeuge, keine U-Boote, keine Linienschiffe, und das war für uns das Stigma einer von der ganzen Welt belächelten, nicht für voll genommenen Nation. Wir wollten das alles haben. Nicht zum Kriegführen, um Gottes willen, nein. Aber um genauso stolz dastehen zu können wie die anderen.

Dieter Zilligen: Hitler wird ja im nachhinein oft als Dämon beschrieben, als jemand, der dieses Volk verführt hat. Aber war er nicht vielmehr der Kristallisationspunkt für all das, was in diesem Volk schon steckte?

Hoimar v. Ditfurth: Das, was Hitler gemacht hat, ist etwas, was ich im Buch ja sehr ausführlich unter Rückbezug auch auf die Hierarchie der einzelnen Wertmaßstäbe in unserem Gehirn zu begründen versucht habe. Es gibt drei angeborene Handlungsanweisungen im Menschen. Sie stammen aus dem Pleistozän. Sie stammen aus dem vor- und frühsteinzeitlichen Dschungel, und sie sagen erstens: Hab Angst vor jedem Menschen, den du nicht persönlich kennst. Das ist die sicherste Strategie. Damals kannten sich in den kleinen Gruppen und Horden noch alle persönlich. Zweitens: Die Rechte deiner eigenen Horde sind den Rechten aller übrigen Kollektive übergeordnet. Drittens: Du darfst nicht nur, sondern du mußt, wenn du nicht anders glaubst das Überleben deiner Horde sichern zu können, den Konkurrenten, und sei er von der gleichen Art, totschlagen. Die Kain- und-Abel-Geschichte. Das sind die drei Gesetze des Dschungels, die noch in unserer Brust drinsitzen. Wenn wir einen Toten auf der Straße sehen oder wenn wir lesen von Horden von Fremden, die hier einwandern wollen, dann revoltiert dieses Gesetz der Steinzeit in uns. Deswegen sind wir noch keine Faschisten. Es ist falsch, zu sagen, ihr dürft davor keine Angst haben. Es ist menschlich, davor

Hoimar v. Ditfurth (Mitte) mit Klassenkameraden, Berlin 1937.

Angst zu haben. Nur, dann muß die nächste Etage kommen. Dann muß die Hirnrinde eingeschaltet werden. Und rational erklärt werden, warum diese Angst eine Angst aus der Steinzeit ist, die heute keine Gültigkeit mehr hat. Und Hitler hat es doch noch in anderen Bereichen so gemacht.

Fast alle Menschen fürchten sich vor dem Unkonventionellen, sie fürchten sich vor moderner Kunst. Und sie retten sich über diese Furcht allzu oft hinweg, indem sie billige Späßchen machen: Ist ja egal, ob der auf dem Kopf hängt oder nicht, man kann ja sowieso nicht erkennen, was das ist, was da dargestellt werden soll, nämlich kein Objekt mehr, sondern eine Stimmung, ein Lebensgefühl, ein Weltgefühl, ein Traum. So weit kommen sie gar nicht. Und sie haben Angst vor Künstlern, sie haben Angst vor Schriftstellern, die die Obrigkeit in Frage stellen. Die Obrigkeit, die die Stabilität der Horde garantiert. Alles angeborene Gebote aus der Steinzeit. Und Hitler hat gesagt, ihr braucht keine Angst zu haben, das ist der gesunde Menschenverstand.

Dieter Zilligen: Das gesunde Volksempfinden.

Hoimar v. Ditfurth: Das ist das gesunde Volksempfinden, richtig. Ihr könnt die modernen Künstler verspotten, ihr könnt ihre Bilder verbrennen, ihr könnt die Bücher dieser Kritikaster und Meckerer, die die Obrigkeit in den Schmutz ziehen, die könnt ihr in den Ausguß werfen, die könnt ihr anstecken und verbrennen. Das alles, oder die Homosexuellen oder die Zigeuner, was immer. Wer anders aussieht, anders gekleidet ist, den könnt ihr hassen, denn er ist nicht von eurer Gruppe, ihr seid dem nichts schuldig, ihr seid schuldig nur eurem Kollektiv, dessen Rechte über alles gehen, was es sonst noch in der Welt gibt. Und da traf er auf diesen seit Jahrtausenden vorbereiteten Boden. Und die Euphorie, die sich damals Luft machte, war die Euphorie von Menschen, die plötzlich die entsetzliche Pflicht von ihren Schultern genommen fühlten, diesen ganzen archaischen Strebungen Widerstand zu leisten. Sie konnten sie ausleben mit gutem Gewissen. Und dieses Gefühl verleiht eine ungeheure Kraft. Das ist die Kraft, die der Rokker und der Punker heute noch spüren, wenn sie sich der Ordnung widersetzen und, vom Bier berauscht, mit Fahrradketten und anderem auf die Bürger losschlagen. Die spüren eine Kraft, und sie glauben, ihnen ist nichts gewachsen. Und dieses Gefühl der Kraft, das hat das ganze deutsche Volk besoffen gemacht. Die haben ein Gefühl gehabt: Gewissen und Skrupel – das sind jüdisch-christliche Erfindungen. Von weichlichen Nationen erfunden, weil sie anders unserer germanischen Urkraft nicht standhalten können. Und dieses Gefühl hat sich ja bis zum Schluß, von der Propaganda geschickt angestachelt, bis zu dem Wahn gesteigert: Was soll's denn, die Amerikaner, na schön, die auch noch. Was soll's denn, die Bombengeschwader, na schön, die auch noch. Wir werden mit unserer Kraft, mit unserem unbeugsamen Willen die Realität unseren Wünschen und den Rechten des deutschen Volkes entsprechend steuern und lenken können.

Dieter Zilligen: Es gibt aus dieser Zeit zwei schmerzliche Erinnerungen, von denen Sie sich auch beschämt fühlen. 1938, bei einer Fahrt nach Rügen, kommen Sie am KZ Oranienburg vorbei. Und Ihre Mutter zeigt zur Seite und sagt: »Ich glaube, Vater hat doch recht.«

Hoimar v. Ditfurth: Nein, darf ich verbessern? Sie hat gesagt: »Da drüben muß das Lager sein.« 1938. Daraufhin sagte ich sofort – dies nur an die Adresse der vielen, die sagen, damals habe man noch nichts gewußt –, habe ich ganz beklommen gefragt: »Sag mal, ist es wirklich so schlimm, wie Vati sagt?« Und da war eine kleine Pause, und dann sagte sie: »Ich fürchte, Vati hat recht.«

Dieter Zilligen: Und das andere ist, was Sie sehr persönlich betrifft, die Abiturfeier. Daß Sie als Jahrgangsbester sich feiern ließen, obwohl eigentlich ein anderer...

Hoimar v. Ditfurth: ... ein anderer der Beste war, der aber wegen seiner bekannt antinazistischen Einstellung eine schlechte Note ins Abiturzeugnis hineingeschrieben bekam als billige, schäbige Rache.

Dieter Zilligen: Weil er es als einziger gewagt hatte zu opponieren. Das Thema des Abituraufsatzes war, wenn ich das richtig gelesen habe, eine Kommentierung der Nürnberger Rassegesetze.

Hoimar v. Ditfurth: Richtig.

Dieter Zilligen: Er hatte als einziger dagegen opponiert. Sie, die anderen, müssen sich irgendwie darum herumgemogelt haben.

Hoimar v. Ditfurth: Wir haben uns mit der Technik, die wir damals als Halbstarke schon in Fleisch und Blut übernommen hatten, mit glatten Worten und unter Übernahme von offiziellen Phrasen, um den heißen Brei herumgemogelt.

Dieter Zilligen: War das damals eines der Lebensprinzipien: nicht auffallen?

Hoimar v. Ditfurth: Selbstverständlich. Da kommen wir auf ein anderes Thema, das muß ich noch ergänzend hier einführen. Die Nazis waren ja nicht das, als was man sie heute gerne hinstellt. »Die Nazis übernahmen die Macht« – das klingt so, als ob da ein braun uniformiertes Besatzungsheer von außen kam und die armen Deutschen unterjochte. Die Nazis, das waren wir alle, fast wir alle, in verschiedenen Graden der Verdünnung.

Dieter Zilligen: Bestand denn das deutsche Volk damals aus normalen, mitlaufenden

Beim Reichsarbeitsdienst, 1939.

Nazis, oder gab es eine Führungsclique, die alle beherrschte?

Hoimar v. Ditfurth: Es gab natürlich die Führungsclique, es gab die Leute, die die Macht hatten, Macht über Leben und Tod, wie sich sehr rasch herumzusprechen begann. Aber es gab, ohne daß ich auch nachträglich eine scharfe Grenze angeben könnte, dieses Nazibraun in den Köpfen von uns allen in zunehmender Verdünnung. Ein Beispiel: der Vater meiner damaligen Tanzstundenfreundin, ein hoher preußischer Beamter, zierliches Männchen, ein Spitzwegtyp, muß man sagen, ganz liebes Männlein, vollkommen korrekt. Wir trafen uns in seinem Haus. Ich erzählte ihm: »Ich mach' demnächst Abitur und muß dann in den Arbeitsdienst.« Er sagte mir, daß es doch eigentlich eine herrliche Sache sei. Ich sagte, na also, ich hätte ein bißchen Bammel davor, ich hätte einiges gehört, es gehe da ziemlich rauh zu. »Ach, das müssen Sie anders sehen, Hoimar. Stellen Sie sich mal vor, wenn jetzt Generation auf Generation der Deutschen gezwungen wird, vor dem Eintritt ins Berufsleben ein halbes Jahr bei körperlicher Arbeit in frischer, freier Luft zu verbringen. Das hat die Folge, daß die Deutschen immer schöner werden und sich in ihrem Aussehen nicht nur körperlich immer mehr dem griechischen Ideal annähern.« Ich wage zu behaupten, daß in dieser kindlich-illusionären Äußerung auch ein Stück der Atmosphäre steckt, in der die Katastrophe reifen konnte. Denn auch hier wird unterstellt und begründet, warum es segensreich sei und sinnvoll, wenn der einzelne, in diesem Fall sogar ganze Generationen, in ihrer Lebensführung der Entscheidung der zentral planenden Staatsgewalt unterworfen würde. Und ich möchte mich selbst nicht ausnehmen; wir alle waren mit wenigen Ausnahmen, mit der Ausnahme des eben von Ihnen erwähnten opponierenden Mitschülers, insofern Nazis.

Wir drückten uns um die Hitlerjugend. Mein Vater hat mir verboten, mich mit einer Hakenkreuzarmbinde zu Hause sehen zu lassen. Er konnte die Bande nicht ausstehen. Aber wir Jungs waren begeistert davon, daß wir jetzt Flugzeuge und Panzer und Linienschiffe hatten. Jeder von uns konnte die Tonnage vom neuesten Kriegsschiff runterschnurren und wieviel Kanonen darauf waren und wieviel Besatzung und wie weit die schießen konnten und die Feuerkraft pro Minute. Das alles begeisterte uns. Nicht weil wir Krieg führen wollten, um Gottes willen, bloß keinen Krieg. Aber weil jetzt die anderen nicht mehr über uns lachen konnten, weil man sich nicht mehr zu genieren brauchte, wenn man von Potsdam nach Berlin in der S-Bahn fuhr, und zufällig saß neben einem ein amerikanisches oder französisches Ehepaar, was ja vorkam. Das war das Lebensgefühl.

Dieter Zilligen: Sehr eigentümlich ist übrigens Ihre Beschreibung, wie Sie eingezogen werden und sagen: Wir freuten uns auf die Front. Und zur selben Zeit sagt Ihr Vater Ihnen in einem sehr intensiven Gespräch, das ist wohl das einzige Gespräch, wo Sie ganz und gar einander nahe kamen …

Hoimar v. Ditfurth: … das war ein paar Jahre später.

Dieter Zilligen: Ja, aber auch schon zu diesem Zeitpunkt, als der Krieg im Osten ausbrach, sagte er: Jetzt ist das Ende da. Und später, das war Weihnachten 1943, hat er Ihnen gesagt: Wir werden von Verbrechern regiert. Das heißt, hier klaffte ja plötzlich Ihr Bewußtsein und das Ihres Vaters weit auseinander.

Hoimar v. Ditfurth: Weit auseinander. Das ging schon früher los. Das ging los bei der Fritsch-Affäre. Ich war begeistert. Ich sah ja – denken Sie an die Olympiade –, wie die Ausländer kamen und begeistert waren von dem Eindruck, den die Olympiade, den dieser »junge Staat« – so war ja unser Gefühl – auf sie machte. Vergessen Sie nicht, die französische Olympiamannschaft ist mit erhobenem rechten Arm an der Führerloge vorbeidefiliert. Und da sollten wir auf die Idee kommen, kritisch zu werden? Wir erlebten es natürlich, daß jüdische Mitschüler plötzlich nicht mehr in der Schule auftauchten, daß jüdische Lehrer verschwanden. Das alles war beunruhigend. Aber man guckte dann rasch weg – wo gehobelt wird, da fallen Späne.

Deutschland ist dabei, wieder an Zuversicht, an Kraft und an Geltung zu gewinnen. Das überwog. Und ich bin ja gefüttert worden mit Soldatengeschichten. Und schon als Kind mit Kriegsbilderbüchern. Selbst wenn man sterbend auf dem »Feld der Ehre« lag, war das für mich noch etwas Herrliches – denken Sie daran, was da in einem Zwölfjährigen vorgeht –, weil dann vom Himmel ein dünnbekleidetes Engelsgeschöpf herunterschwebte, bereit, den sterbenden Helden an seine Brust zu drükken. Das war doch die Vorstellungswelt, die man uns andressiert hatte. Und als ich damals über Norwegen und Finnland auf die russische Front zufuhr – bei herrlichem Wetter, ich habe Norwegen nie wieder so schön gesehen; wir saßen auf den Trittbrettern dieses bummeligen Güterzuges und genossen die phantastische Landschaft –, da stellten wir uns vor, jetzt, Gott sei Dank, hört der Schliff auf dem Kasernenhof auf, jetzt kommen Biwakfeuer, und wir werden uns auf fremden Bauernhöfen Hühner schnappen und die dann über dem Feuer drehen und dann essen und Männerkameradschaft und Skat spielen, und ab

Hoimar v. Ditfurth (links) als Medizinstudent, Hamburg 1944.

und zu werden wir einen Spähtrupp machen und uns dabei mutig erweisen. Das alles war nach acht Tagen vorbei.

Dieter Zilligen: Sie sind dann später freigestellt worden für das Medizinstudium. Und da gibt es ein ganz seltsames Erlebnis, daß Sie nämlich in den Präparierkursen der Anatomie immer sehr viele frische Leichen hatten.

Hoimar v. Ditfurth: Wir hatten keinen Leichenmangel. Wir hatten reichlich Leichen. Und das waren alles, fast alles Leichen von gesunden jungen Männern, und das waren alles Leichen, denen der Kopf fehlte. Und wir wußten, wo die herkamen. Und die Obrigkeit war durchaus interessiert daran, daß auch die Öffentlichkeit wußte, wo die herkamen. Da gab es diese kleinen dunkelroten Zettel, die klebten an den Litfaßsäulen: Hingerichtet wurde wegen Desertion, Rassenschande, Verstoß gegen das Verdunklungsgesetz und was es alles noch gab an kriegsbedingten Verbrechen. Und dann kam der Name, und dann kam das Geburtsdatum: Hingerichtet am soundsovielten, morgens um sechs Uhr oder was. Das klebte da drauf, das wußten alle. Nun konnte man natürlich, wenn man da las »wegen Desertion«, wegen »Wehrkraftzersetzung«, sagen: Na gut, Kriegsrecht. Aber wenn da stand – ich weiß nicht mehr genau, wie der Ausdruck hieß, aber es handelte sich um Diebstähle unter Ausnutzung der Verdunklung. Und das waren dann ja meistens Fremdarbeiter, das waren Polen und Russen. Die wurden geköpft, wenn sie ein Päckchen Zigaretten, wenn sie ein Stück Brot mitnahmen. Das galt als rechtens damals. Das wußten wir in der Schärfe vielleicht nicht. Aber die ungeheure Zahl der Hinrichtungen machte uns Angst in doppeltem Sinne. Machte uns Angst, weil wir sahen: Wenn du nicht aufpaßt, steht dein Name plötzlich auch auf so einem kleinen roten Zettel. Das konnte sehr schnell gehen. Und machte uns auch Angst, weil einem plötzlich aufging: Was passiert denn da eigentlich? Wie wird denn da eigentlich regiert? Wie treten wir denn da auf? Und dann kamen die Warnungen und Sätze, mit denen mein Vater mir seit Jahren in den Ohren gelegen hatte, wieder

Hoimar v. Ditfurth, 1947.

in Erinnerung. Stimmt es vielleicht tatsächlich, daß wir entsetzliche Untaten begehen in Europa, in den Ländern, die wir erobert haben? Dann kamen diese Fragen und ließen sich nicht mehr abweisen.

Dieter Zilligen: Sie haben den Krieg als Medizinstudent in Hamburg überlebt, und dann kam, glaube ich, die entscheidende Zäsur in Ihrem Leben, nämlich ein einziger, wie Sie schreiben, einzigartiger Sommer der Hoffnung, der Sie bis heute geprägt hat – der Sommer 1945.

Hoimar v. Ditfurth: Da muß ich alle die um Entschuldigung bitten, die das Kriegsende und den Sommer '45 im Osten erlebt haben. Das war die Hölle. Es klingt seltsam für viele, auch vielleicht die Älteren, ich habe den Sommer '45 mit vielen, vielen meiner Studienkollegen als eine goldene Zeit in Erinnerung. Wir hungerten fast bis zum Zusammenbrechen, aber plötzlich gab es die Gestapo nicht mehr, plötzlich gab es die großdeutsche Wehrmacht nicht mehr, die ja bisher über uns verfügte, die uns an einem Abend sagen konnte, morgen

Hoimar v. Ditfurth (rechts) als Stationsarzt, Würzburg 1950.

bist du in Frankfurt an der Oder, oder du machst jetzt das oder das. Wir waren uns selbst überlassen. Kein Mensch fragte danach, was wir taten. Ich fing an, wie ein Verhungernder zu lesen. Ich habe damals, weil der Bücherschrank meines Hauswirts nichts anderes hergab, die ganzen Sokratiker durchgelesen – geschadet hat's mir nicht. Und dann habe ich tatsächlich über ein paar Bekannte in Hamburg sogar Bücher bekommen von Autoren, deren Namen ich noch nie gehört hatte: Thomas

Mann, Stefan Zweig, Sinclair Lewis, Hemingway. Namen, die ich nie gehört hatte. Das war überwältigend. Das ging einen Sommer lang. Dann fing die Universität an ihre Struktur zu ändern und von allzu obrigkeitlichen Bestimmungen zu reinigen. Da haben wir gesagt: Mein Gott, wir sind ja auch ein Teil der Universität, wir sind Studenten, da wollen wir mitmischen. Und wenn man daran denkt, wie rasch so etwas heute im Sande verläuft und gegen die Gummiwand der Gewohnheit und des Establishments prallt – wir hatten in vierzehn Tagen unsere Genehmigung und saßen in den Senaten und den Fakultätssitzungen mit drinnen. Und wir haben damals einiges in Bewegung gebracht. Wir haben durchgesetzt, daß es in Hamburg zum Beispiel keine politische Abstinenz gab, sondern daß in den ersten beiden Semestern eine politische Einführung Pflicht wurde, worunter wir natürlich vor allem eine Aufarbeitung und Auseinandersetzung mit der Nazizeit verstanden – wie das alles kommen konnte, warum die hohen Herren, die zum Teil immer noch auf den Lehrstühlen saßen, uns das als hehres Geistesgut beigebracht haben, was jetzt allgemein durchschaut wurde als grauenhafte geistige Verwahrlosung und Barbarei.

Das hat alles nur ein paar Monate gedauert. Dann wurde die Universität wieder aufgemacht, wir mußten uns schleunigst in ungeheizten Zimmern und bei trocken Brot um unsere Abschlußexamina kümmern. Wir haben diesen Zentralausschuß, wie wir ihn nannten, dann an gewählte Nachfolger übergeben, der dann wieder AStA genannt wurde. Und die mußten auch nebenher studieren und hatten nicht die Kraft. Das ist alles nach ein paar Wochen wieder in der Versenkung verschwunden. Dann kam die Restauration.

Dieter Zilligen: Die Adenauer-Zeit, die ich selber auch mit einigem Bewußtsein erlebt habe als Schüler.

Hoimar v. Ditfurth: Ich war damals, wenn ich das mit heutigem schlechten Deutsch so sagen darf, ein Adenauer-Fan. Ich war überwältigt von dem Mann und hatte eine Todesangst, Ollenhauer oder die Sozialdemokraten könnten ans Ruder kommen,

An der Universitäts–Nervenklinik Würzburg (stehend), 1951.

unter anderem deswegen, weil ich auf den Wahlplakaten des »Alten«, so wurde Adenauer ja nur genannt, immer las, ein Sieg der SPD wäre der Untergang Deutschlands. Daß das im Grunde ein Ausspruch war, mit dem Adenauer deklarierte, daß er selbst kein Demokrat war, ist mir erst Jahre später aufgegangen.

Dieter Zilligen: Sie hätten damals auch ein Mitglied dieses Establishments, ein Nutznießer des Wirtschaftswunders werden können. Sie hatten die große Chance, bei Boehringer Mannheim Direktor zu werden.

Hoimar v. Ditfurth: Geschäftsführer.

Dieter Zilligen: Sie hätten mit einem Dienstwagen fahren können.

Hoimar v. Ditfurth: Den hatte ich schon.

Dieter Zilligen: Eine Villa haben können. Aber Sie haben das nach einem Jahr Bedenkzeit und nach einem Jahr Probe aufgegeben und sich absolut vogelfrei gemacht. Warum?

Hoimar v. Ditfurth: Da spielt meine Frau eine ganz entscheidende Rolle, die von Anfang an instinktiv gespürt hat, daß das nicht die Stiefel sind, die mir passen. Wir hatten damals noch vier Kinder im Schulalter. Es hätte nahegelegen, daß meine Frau diese Sicherung dankbar begrüßt hätte. Ich bin ja damals alles losgeworden, sogar meinen Pensionsanspruch. Aber ich habe das eingetauscht gegen ein Leben in Freiheit, und nach den ersten Jahren der

Hoimar v. Ditfurth (Mitte), Würzburg 1957.

Unsicherheit ist es dann sehr schnell sehr gutgegangen, das konnten wir nicht wissen. Weil ich einfach das Bedürfnis hatte, mich mit bestimmten Dingen geistig auseinanderzusetzen, und darauf hätte ich verzichten müssen.

Ich hätte soziale Sicherheit, ein hohes Einkommen und alle Insignien bürgerlichen Prestiges gehabt, das war die eine Alternative. Aber ich hätte dafür mein geistiges Eigenleben opfern müssen. Ich wäre geistig verkümmert, abgestorben. Und das habe ich irgendwie doch geahnt und gespürt. Und davor hatte ich noch mehr Angst als vor der Möglichkeit, vielleicht zu verarmen.

Dieter Zilligen: Ihr Buch heißt ›Innenansichten eines Artgenossen‹. Bisher haben wir eigentlich nur über den Zeitgenossen gesprochen. Obwohl der Artgenosse, der sich ständig auch mit der menschlichen Evolutionsgeschichte beschäftigt, in diesem Buch immer wieder seine Ansichten von der Welt und von diesem Universum einschiebt als Objektivierung seines eigenen individuellen Schicksals, um es nicht zu wichtig zu machen. Sie zitieren auch, und das finde ich fast ein wenig verräterisch, den Physiker Freeman Dyson, der sagt, es sei fast so, als ob das Universum gewußt hätte, daß es uns eines Tages geben würde. Also doch nicht das Nichts, aus dem Sie gekommen sind und in das wir alle gehen werden, ein Schöpfungsplan? Ist das nicht Hybris?

Hoimar v. Ditfurth: Das, was Dyson meint, bezieht sich auf eine ungeheure Entdeckung der Kosmologen und Astrophysiker aus den letzten zehn, fünfzehn Jahren. Eine Entdeckung, über die ich selber nur mit einer gewissen Ergriffenheit reden kann und die einfach ignoriert wird in unserer Gesellschaft, die ja mit einem einseitig verkümmerten Verstand an dieser entsetzlichen Formel festhält, daß Naturwissenschaft zum Verständnis der menschlichen Existenz nichts beitragen könne. Die Entdeckung nämlich, daß schon Minuten nach dem Urknall feststand, daß bestimmte Naturkonstanten – starke und schwache Kernbindungskräfte, Gravitation – Werte aufweisen, die auch nicht nur um wenige Prozent anders liegen dürfen, unter- oder überschritten werden können, wenn diese Welt, wie wir sie kennen, entstehen soll. Bei einer etwas stärker entwickelten Gravitation hätte das sich ausdehnende Weltall schon angefangen wieder zu kollabieren, bevor etwas Wesentliches darin geschehen wäre. Und bei einer zu geringen Gravitation wäre die Ausdehnungsgeschwindigkeit so rasch gewesen, daß die

In der Sternwarte Heidelberg, 1968.

Wasserstoffwolken des Anfangs – am Anfang gab es nur Wasserstoff und wenige Prozent Helium –, daß diese Wasserstoffwolken sich nicht hätten kontrahieren können zu Sternen, in deren Zentren dann im atomaren Feuer alle anderen Elemente erst zusammengebacken worden sind, die später bei der Explosion dieser Sterne als Staub an den Kosmos abgegeben wurden, aus dem dann die Welt entstand, wie wir sie kennen. Aller Stoff, den es gibt, den wir anfassen können, auch der Stoff, aus dem wir selbst bestehen, in dem ja alle Elemente enthalten sind, hat vor zehn Milliarden Jahren im Zentrum von Sonnen gesteckt, ist da zusammengebacken worden von Sonnen, die einer Sternengeneration angehörten, die längst zugrunde gegangen ist und die dabei diese Elemente wieder freigegeben hat zu Neuanfang und Wiederaufbau. Und das alles hätte eben nicht geschehen können, wenn nicht die Kernbindungskräfte diesen und keinen anderen Wert gehabt hätten und die Gravitation diesen und keinen anderen Wert. Und jetzt kommt die Frage: Kann das ein Zufall sein oder nicht? John Wheeler, ein sehr geist-

Herausgeber der Zeitschrift ›n + m‹, Mannheim 1968.

reicher anderer amerikanischer Physiker, hat die hinreißende Antwort gegeben und gesagt: Es ist wahrscheinlich so, daß in einer unendlich langen Zeit unendlich viele Universen entstanden sind, alle tot und leer und kaputt und zerrüttet und Mißgeburten von Anfang an. Bis dann auf einmal unsere Welt da war. Daß unsere Welt auf diese Anfangsbedingungen stößt, ist im Grunde eine Trivialität, denn wir sind lebende Beobachter, die nicht hätten entstehen können, wenn es diese Anfangsbedingungen nicht gegeben hätte. Also, in einer Welt, in der man sich überhaupt Fragen stellen und suchen kann, muß man diese Bedingungen entdecken. Aber da es Unendlichkeit nicht gibt, kann es auch keine unendliche Zahl von Universen geben. Das Unendliche ist ein Denkwiderspruch in sich. Da gibt es eine wunderbare Stelle bei Schopenhauer*, aber das würde jetzt zu weit führen, die man nachlesen kann,

* »Die Zeit kann keinen Anfang haben, und keine Ursache kann die erste seyn. Beides ist *a priori* gewiß, also unbestreitbar. (...) Aber nun andererseits: Wenn ein erster Anfang nicht gewesen wäre; so könnte die jetzige reale Gegenwart nicht erst jetzt seyn, sondern wäre schon längst gewesen: Denn zwischen ihr und dem er-

eine wunderschöne Stelle, die das Ad oculos demonstriert, für ihn anschaulich macht, daß es das Unendliche nicht geben kann, weil daraus die unsinnigsten Paradoxien entstünden. Stehen wir also wieder vor der Frage: Wie ist das zu erklären?

Und da bleibt mir nun in der Tat keine andere Antwort als die, für die auch viele andere naturwissenschaftliche Entdeckungen sprechen, ohne daß sich einer von den Holzköpfen unserer Zeitgenossen groß Gedanken darum macht: daß nicht mit unserem Kopf der Geist in dieser Welt aufgetaucht ist, sondern daß unser Kopf in dieser Welt einen schwachen Abglanz des Geistes repräsentiert, der al-

sten Anfange müssen wir irgend einen, jedoch bestimmten und begränzten Zeitraum annehmen, der nun aber, wenn wir den Anfang leugnen, d.h. ihn ins Unendliche hinaufrücken, mit hinaufrückt. (...)

Dem widerstreitet nun aber, daß sie (die jetzige Gegenwart) doch jetzt ein Mal wirklich da ist und sogar unser einziges Datum zu der Rechnung ausmacht. (...) (...) weil nun aber doch die Zeit selbst durchaus keinen Anfang haben kann; so ist allemal bis zum gegenwärtigen Augenblick eine unendliche Zeit, eine Ewigkeit, abgelaufen: Daher ist dann auch das Hinaufschieben des Weltanfangs ein endloses (...).« Arthur Schopenhauer: Parerga und Paralipomena. Bd. I/1, S. 118f., Zürich 1977.

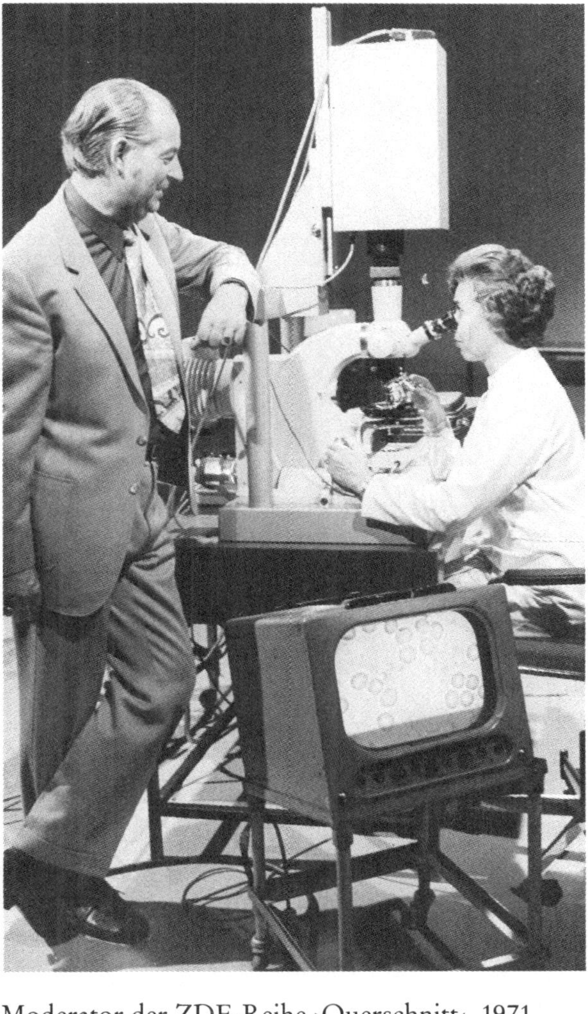

Moderator der ZDF-Reihe ›Querschnitt‹, 1971.

les von Anfang an so gesteuert hat, daß wir haben entstehen können mit unserem Gehirn.

Dieter Zilligen: Ein schwacher Abglanz dieses Geistes, der auf den Menschen fällt, sagen Sie. Aber was macht er damit, dieser schreckliche Prothesengott, der, je weiter er sich entwickelt, um so zerstörerischer in dieser Welt wirkt, die ihm gegeben ist? Sie zitieren den Satz: »Wir sind dabei, unsere Enkel zu ermorden.« Ist es nicht besser, an dieser Stelle womöglich den Versuch mit dem Menschen abzubrechen? Eine Fehlentwicklung?

Hoimar v. Ditfurth: Wer sollte ihn abbrechen?

Dieter Zilligen: Wir selber.

Hoimar v. Ditfurth: Das werden wir selber möglicherweise tun. Und wenn man sich überlegt – noch mal Schopenhauer – ich liebe ihn halt sehr: Man könnte toll werden, wenn man die unendlichen Anstrengungen des Kosmos bedenkt, die

Verleihung des Kalinga-Preises der UNESCO, Paris 1980.

Myriaden von Sternen, die nichts anderes zu tun haben, als Welten zu bescheinen, auf denen Elend und Jammer herrschen.* Wenn man sich die Entwicklung

* »Man möchte toll werden, wenn man die überschwänglichen Anstalten betrachtet, die zahllosen Fixsterne im unendlichen Raume, die nichts weiter zu thun haben, als Welten zu beleuchten, die der Schauplatz der Noth und des Jammers sind (...).« Arthur Schopenhauer: Parerga und Paralipomena. Bd. II/1, S. 325.

anguckt vom Urknall bis heute, die Entstehung ganzer Welten von Milchstraßensystemen, von unzähligen Planetensystemen, auf denen ohne Frage – ja, alles andere wäre wieder Mittelpunktswahn – der unseren vergleichbare, ähnliche, nicht identische Entwicklungen abgelaufen sein dürften bis zum jetzigen Stand, wenn man diesen unglaublichen, sich über den Rahmen eines ganzen Kosmos abspielenden Aufwand bedenkt und dann betrachtet, was, bei uns auf der Erde jedenfalls, dabei herausgekommen ist, da muß man von einem kläglichen Ergebnis sprechen. Da gibt es wenig, was dem Aufwand standhalten könnte. Ich glaube zum Beispiel, daß manche Kunstwerke, die Musik von – nun nenne ich Lieblinge, andere werden vielleicht andere Namen nennen – Vivaldi oder Bach oder Mozart – natürlich gehören viele andere noch dazu –, daß die sich nicht zu schämen brauchen, daß die sich nicht zu verstecken brauchen. Aber wenn man auf die andere Waagschale die nicht mehr übersehbare Zahl von Opfern legt, die auf menschenunwürdige Weise zu Tode gekommen, gequält, verreckt sind, dann kann man sich wirklich fragen... Und wenn man sich dann noch anschaut, daß wir dabei sind, die Szenerie, auf dem sich das Ganze abspielt, jetzt definitiv, nämlich global zu ruinieren... Die Leute beruhigen sich ja immer und sagen: Gott, die Italiener haben ihre Wälder auch ruiniert. Nun, und was ist da passiert? Aber das waren alles regionale Katastrophen, wir sind jetzt dabei und stellen das mit der ganzen Erde an. Die Folgen werden sich sehr bald zeigen.

Dann fragt man sich, ob das nicht, so makaber es klingt, eine Art Selbstheilungsprozeß ist. Ob es nicht, wenn man alles in allem nimmt, das beste ist, wenn der Störenfried sich auf diese Weise selbst wieder beseitigt. Und ob dann nicht die Natur zu groß ist für uns – die Natur werden wir nie zugrunde richten. Aber wir können sie in eine Extremlage bringen – wir sind ja gerade dabei auf der Erde –, daß sie uns ausspucken wird, weil wir ihr unerträglich werden. Und wenn wir dann verschwunden sind, kann sie sich wieder entfalten. Dann wird Friede herrschen auf Erden.

Staufen, 1980.

Dieter Zilligen: Das ist das Merkwürdige bei Ihnen. Sie schreiben sehr pessimistische Bücher auf den ersten Blick, die am Ende aber doch auf seltsame Weise optimistisch stimmen, die also auch wieder Mut machen.

Hoimar v. Ditfurth: Von einem jämmerlichen Ergebnis kann man ja nur reden, wenn man von der wieder größenwahnsinnigen anthropozentrischen Hypothese ausgeht, daß die Entstehung und die Geschichte dieses Kosmos nur dem Zweck gedient hätten, uns und unsere Epoche hervorzubringen. Das ist natürlich die lächerlichste aller vorstellbaren Vorstellungen. Und wenn man das weiterdenkt, dann muß man sich überlegen, daß der Kosmos ja noch sehr jung ist. Er hat nach Schätzung der Kosmologen erst etwa sieben Prozent seines Wasserstoffs verbraucht. Das ist sein Betriebsstoff, aus dem neue Sterne entstehen und dann zu schweren Elementen gebacken werden. Wenn der ganze Wasserstoff mal umgewandelt ist, dann ist eine gewisse Phase des Antriebs vorbei. Und der Kosmos hat etwa zwölf,

Bei einer Studioaufzeichnung des Süddeutschen Rundfunks, Stuttgart 1984.

Südfunk

dreizehn, fünfzehn Milliarden Jahre hinter sich, und er hat, wenn man sich anguckt, was es an Möglichkeiten noch gibt, sechzig, achtzig Milliarden Jahre vor sich. Der wird ja nicht stillstehen und auf der Stelle treten, sondern dann wird die Evolution sich im kosmischen Rahmen weiter abspielen, Neues hervorbringen, Ungeahntes. Wer hätte denn zur Zeit der ersten Zelle sich vorstellen können, daß es so phantastische Wesen geben würde wie Vögel oder Saurier. Wer hätte zur Zeit der ersten Vögel sich vorstellen können, daß es ein so phantastisches, wenn auch leider offenbar halb wahnsinniges Wesen geben würde wie uns? Das wird weitergehen. Und unsere Verantwortung ist die, daß wir die Kette der Entwicklung nicht abreißen lassen – aber selbst wenn das passierte, wäre es ja nur hier auf der Erde, und auch da wäre ein Neuansatz möglich. Daß wir uns nicht schuldig machen dadurch, daß wir die Kette, die ja doch lückenlos zurückgeht von uns bis zum Urknall, abreißen lassen. Und es wird deutlich, daß die Welt offenbar noch nicht fertig ist, und wir auch nicht. Daß also niemand, zuletzt wir selbst, Vollkommenheit von uns verlangen kann. Auch das wäre in Wirklichkeit ein größenwahnsinniger Anspruch. Daß also unsere entsetzliche Mangelhaftigkeit die Folge der nichtverschuldeten Tatsache ist, daß wir Wesen des Übergangs sind. So, wie Fische der Übergang waren von wirbellosen wasserlebenden Tieren zu den ersten Quastenflossern und zeitweiligen Landbegehern und die Saurier Übergänge waren von den Reptilien zu den Warmblütern. Wir sind nicht weniger, wir sind aber auch nicht mehr. Wir sind Wesen des Übergangs. Und deswegen haben wir Teil an dieser Geschichte, von der wir, obwohl ich das nicht beweisen kann, bei aller illusionsscheuen Selbstkritik doch eines mit überwältigender Plausibilität sagen können: eine Geschichte, die sich da seit zwölf Milliarden Jahren im kosmischen Rahmen abspielt und die dabei immer höhere Ordnungen hervorgebracht hat, immer neue Spielarten von Schönheit, von Leben, von Geistigkeit – der Geist ist bewußt erstmals mit uns selbst aufgetaucht, ohne daß es unser Verdienst wäre. Es gab ihn von Anfang an, er hat das alles bewirkt. Daß eine Entwicklung, die seit so langer Zeit in Richtung auf immer höhere Ordnungen verläuft, sich zum Schluß als Fata Morgana erweisen könnte, als etwas, was im Nichts endet, was sinnlos ist, das ist für mich von einer so überwältigenden Unwahrscheinlichkeit, daß ich das ausscheide aus einer rationalen Diskussion, obwohl es sich rational nicht begründen läßt. Und allein die Tatsache, daß wir ein Teil dieser Geschichte sind, das machen sich doch bitte mal all die Menschen klar, die dadurch, daß sie sich gegen den Evolutionsgedanken wehren, dagegen protestieren, daß sie ein Teil der Geschichte sind, die auch die Tiere hervorgebracht hat. Der Mensch will etwas sein neben der Natur, etwas getrennt von der Natur – dann wäre er verloren. Wir sind ein Teil dieser Geschichte. Und weil diese Geschichte ein ungeheures Geheimnis ist, weil hinter ihr ein ungeheures Geheimnis steht, das diese Ordnung verbirgt und in immer neuen und höheren Formen realisiert, weil wir ein Teil dieser Geschichte sind, haben wir auch Anteil an ihrem Sinn. Wir können ihn nicht angeben, wir erkennen ihn nicht, wir sind ja gerade

Der Autor liest aus dem ›Apfelbäumchen‹, 1985.

erst aufgewacht, wir reiben uns ja gerade erst die Augen, wir verstehen ja noch fast nichts von dem, was wir um uns herum sehen und entdecken. Es muß uns genügen, daß es diesen Sinn gibt.

Dieter Zilligen: Sie schreiben am Ende Ihres Buches, daß es etwas gibt, das Sie mehr erbost und erbittert als alles andere. Nicht Schmerzen, Leiden, nicht der persönliche Tod, der uns alle betrifft, sondern daß Ihnen auf gewisse Fragen keine Antwort gegeben worden ist.

Hoimar v. Ditfurth: Das, was mein Leben motiviert hat größtenteils, ist die Neugier darauf, was sich hier um uns herum eigentlich abspielt. Weshalb wir da sind, weshalb im Verlaufe einer unglaublich, unvorstellbar langen, komplizierten Geschichte ein Gebilde, das ja auch erst entstehen mußte, namens Kosmos, sich die Mühe gemacht hat, uns hervorzubringen, woher die Ordnung von diesem allen rührt, wohin diese ganze Entwicklung steuert, was die Zukunft des Kosmos bringen wird, der ja auch ein Ende haben wird. Wie dieses Ende beschaffen ist, wer sich das Ganze ausgedacht hat. Da kann man natürlich als religiöser Mensch – für den halte ich mich auch – sagen: Gott. Aber das ist ein Wort. In diesem Zusammenhang nur ein Wort. Ich wüßte gern, was der liebe Gott sich eigentlich dabei gedacht hat, als er die Welt erschaffen hat. Und was mich sehr zornig macht, ist, daß mir zwar genug Gehirn in meinen Schädel gestopft worden ist, um zu entdecken, daß da ein unglaubliches Geheimnis die Grundlage unserer Existenz ist, aber dieses Stückchen reicht eben mit Gewißheit nicht aus, um mir die Antwort darauf zu geben, worin dieses Geheimnis besteht. Konrad Lorenz hat mir einmal gesagt – das ist ein Teilaspekt davon –, und ich habe ihm das aufs Wort geglaubt, er würde Jahre seines Lebens dafür hingeben, wenn er nur auf einem einzigen anderen Planeten sehen könnte, zu welchen Lösungen die biologische Evolution dort gegriffen habe. Denn die auf der Erde verwirklichten sind ja sicher nicht die einzigen. Er ist gestorben, ohne daß es ihm einer gesagt hat. Und ich bin sicher, daß ich sterben werde, ehe ich eine Antwort auf meine

Hoimar v. Ditfurth, Staufen 1987.

Frage bekomme. Daß ich die Antwort nie kennen werde, das ist etwas, was ich wirklich als Zumutung, das einzige, was ich wirklich als Zumutung empfinde. Vielleicht, vielleicht bekomme ich sie ja nach meinem Tode.

Fotonachweis

S. 78: Kuehn, Heidelberg
S. 80: Bohnert–Neusch, Mannheim
S. 83: Rehfus–Oberländer, Hamburg
S. 85: UNESCO/Marcel Salvaro
S. 88: Leif Geiges, Staufen
S. 90/91: Süddeutscher Rundfunk Stuttgart, Hugo Jehle
S. 98: Leif Geiges, Staufen

Hoimar v. Ditfurth im dtv

Der Geist fiel nicht vom Himmel
Die Evolution unseres Bewußtseins

Die Entstehung menschlichen Bewußtseins als notwendiges Ergebnis einer Jahrmilliarden langen Entwicklungsgeschichte. »... der gelungene Versuch, dem Leser jenen Eckzahn des ›Mittelpunktwahns‹ zu ziehen, daß nämlich die Welt so beschaffen ist, wie wir sie als Menschen erleben.« (Hamburger Abendblatt) dtv 1587

Im Anfang war der Wasserstoff

Ein Report über 13 Milliarden Jahre Naturgeschichte, angefangen vom Urknall über die Entstehung des »Abfallprodukts« Erde, über die große Sauerstoffkatastrophe, die Entstehung der Warmblütigkeit (und damit die Voraussetzung für das menschliche Bewußtsein) bis hin zur Möglichkeit interplanetarisch-galaktischer Kommunikation. Durchgehend verzeichnet Ditfurth dabei das Vorherrschen von Vernunft. dtv 30015

Kinder des Weltalls
Der Roman unserer Existenz

Anhand wissenschaftlicher Erkenntnisse vollzieht Ditfurth nach, warum auf unserer Erde Leben entstehen konnte und wie unser Dasein von ineinandergreifenden kosmischen Vorgängen abhängt. dtv 10039

Wir sind nicht nur von dieser Welt
Naturwissenschaft, Religion und die Zukunft des Menschen

»Dies Buch wird in der Überzeugung geschrieben, daß die naturwissenschaftliche und die religiöse

Foto: York-Foto, Freiburg i. Br.

Deutung der Welt und des Menschen miteinander in Einklang zu bringen sind.« (Hoimar von Ditfurth) dtv 10290

Zusammen mit Volker Arzt:

Dimensionen des Lebens

Reportagen aus der Naturwissenschaft auf der Grundlage der Fernsehreihe »Querschnitte«, mit der Hoimar v. Ditfurth und Volker Arzt gezeigt haben, daß allgemeinverständliche Beiträge aus diesem Bereich möglich sind und wissenschaftliche Materie durchaus in fesselnde Erlebnisse auch für den fachlich nicht vorgebildeten Zuschauer umgesetzt werden kann. dtv 1277

Querschitte
Reportagen aus der Naturwissenschaft

Zehn weitere Beiträge aus der erfolgreichen Fernsehserie »Querschnitte« in Buchform. dtv 1742

Carl Friedrich von Weizsäcker im dtv

Foto: Isolde Ohlbaum

Wege in der Gefahr
Eine Studie über Wirtschaft, Gesellschaft und Kriegsverhütung

Dieses Buch »ist geeignet, den Blick für die politischen Realitäten im Atomzeitalter zu schärfen, die sonst gelegentlich an Konturen verlieren . . . Für Weizsäcker, wie für viele Kulturkritiker der Gegenwart, ist das bloße wissenschaftliche Denken ohnmächtig. Das Ziel eines Bewußtseinswandels ist eine ›von Liebe ermöglichte Vernunft‹.« (Wehrwissenschaftliche Rundschau)
dtv 1452

Deutlichkeit
Beiträge zu politischen und religiösen Gegenwartsfragen

Was heißt Verteidigung der Freiheit gegen Terrorismus und Repression? Hat das parlamentarische System eine Zukunft? Welche Chancen und Risiken birgt die friedliche Nutzung der Kernenergie? Gehen wir einer asketischen Weltkultur entgegen? Wie läßt sich die Frage nach Gott mit dem naturwissenschaftlichen Denken vereinen? – Vielfältige Fragen, die Weizsäcker klar zu beantworten versucht.
dtv 1687

Die Einheit der Natur

In diesen Studien aus den Jahren 1959 bis 1970 behandelt Carl Friedrich von Weizsäcker, Professor sowohl der Philosophie als auch der Physik, die für die moderne Wissenschaft grundlegende Frage nach der Einheit der Natur.
dtv 10012

Wahrnehmung der Neuzeit

Die Wahrnehmung der Neuzeit und ihrer Krise ist Weizsäckers Hauptanliegen in diesem Band mit Aufsätzen und Vorträgen von 1945 bis heute: »Das Ziel ist, die Neuzeit sehen zu lernen, um womöglich besser in ihr handeln zu können.«
dtv 10498

Die Zeit drängt
Das Ende der Geduld
Aufruf und Diskussion

Weizsäckers Aufruf zu einer »Weltversammlung der Christen für Gerechtigkeit, Frieden und die Bewahrung der Schöpfung«, die Reaktionen auf diesen Aufruf und Weizsäckers Antworten darauf.
dtv 11109